Bisogni Educativi Speciali

"BES"
Bisogni Educativi Speciali
una scuola per tutti

Autori:

Lo Giudice Michela *Cangialosi Giuseppina*

Indice

Introduzione

La definizione del concetto di Bisogni Educativi Speciali viene data da Dario Ianes nel famoso testo "La speciale Normalità" che definisce questi Bisogni come

"*qualsiasi difficoltà evolutiva, in ambito educativo e apprenditivo, espressa in un funzionamento, nei vari ambiti della salute secondo il modello ICF (International Classification of Functioning Disability and Health, che risulti problematico per il soggetto, in termini di danno, ostacolo o stigma sociale, indipendentemente dall'eziologia (bio-strutturale, familiare, ambientale, culturale ecc.), e che necessita di educazione speciale individualizzata*".

Ma oggi questo termine si allarga anche a tutti quei ragazzi che vivono un periodo, anche breve, di difficoltà o svantaggio tali da farne rallentare l'apprendimento, la concentrazione, la performance, il potenziamento delle capacità.

Ne consegue che la definizione di Bisogno Educativo Speciale, meglio noto con l'acronimo BES, si applica a tutti i soggetti che riscontrano una difficoltà durante il loro percorso (educativo) apprenditivo di istruzione formale. Tale difficoltà, però, se non è a livello patologico, o quasi, è certamente di diversa natura e può dunque causare una vera difficoltà nell'apprendimento scolastico, oppure un rallentamento, ma può anche rientrare nell'ambito di uno svantaggio di vario tipo: socio-economico, linguistico-culturale. Inoltre l'area dello svantaggio può colpire anche l'ambito comportamentale-relazionale-familiare e, cioè, diventare un *bisogno speciale.* Ogni alunno, con continuità o per determinati periodi, può manifestare Bisogni Educativi Speciali rispetto ai quali è necessario che le scuole offrano adeguata e personalizzata *risposta.* La scuola "inclusiva"

deve essere quella scuola che non si limita a promuovere la partecipazione, l'inclusione e l'apprendimento di tutti gli allievi, a prescindere dagli specifici bisogni educativi di ciascuno, ma deve essere anche quella che, soprattutto, coglie la presenza di BES come un'occasione di ripensamento di *pratiche educative e didattiche.*

Direttiva del 27 dicembre 2012

Nella Direttiva del 27 dicembre 2012 viene delineato il quadro complessivo degli studenti con Bisogni Educativi Speciali (BES), proponendo la loro classificazione nelle tre "sotto-categorie":

1. della disabilità (handicap), il cui diritto allo studio è tutelato dalla legge n. 104/1992;
2. dei DSA, il cui diritto allo studio è tutelato dalla legge n. 170/2010;
3. dello svantaggio socio-economico, linguistico, culturale.

Appartengono alla terza "sotto-categoria" i seguenti tipi di svantaggio:

Economico. Questo disagio è causato prevalentemente dalla situazione lavorativa dei genitori che si trovano ad essere sotto occupati, se non addirittura senza impiego.

Sociale. E' l'esempio dei figli delle famiglie migranti che cambiano città spesso e dunque i figli non riescono a tessere relazioni sociali e integrarsi con i compagni di classe, a sfruttare le risorse della comunità dei vari ambienti in cui stazionano soltanto e non vi dimorano.

Linguistico. Quando la famiglia è di origine straniera e, nelle mura domestiche, parla una lingua diversa da quella parlata sia a scuola che nel paese in cui si sono trasferiti, per cui il bambino non ha alcun rinforzo educativo a casa.

Culturale. Questa situazione di svantaggio si riflette nei ragazzi la cui famiglia è molto poco istruita e parla ancora un italiano povero, spesso scorretto, a volte semi dialettale. Oppure sono figli di immigrati e provengono da un ambito culturale completamente diverso.

Familiare. Il problema esiste nel caso di disgregamento della famiglia e/o l'allargamento ad altre.

Relazionale. La scarsa apertura della famiglia verso gli altri, a seguito di una forte riservatezza di

carattere, di chiusura, di senso d' inferiorità, di vergogna, di invidia, oppure la scarsa sensibilità o interesse verso gli altri si rispecchiano nei figli che si comportano di riflesso; o il continuo sfogo di rabbia e aggressività da parte dei familiari sui ragazzi rende questi ultimi incapaci di comunicare le proprie emozioni, o addirittura sentimenti, e quindi a relazionarsi con gli altri.
Comportamentale. In questo caso la famiglia ha comportamenti non corretti, ad esempio violenti o illegali, che il bambino imita e mette in atto senza rendersi conto delle conseguenze.Oppure i genitori non hanno strumenti, intesi come capacità, per contenere l'eccesso di impulsività del bambino che quindi assume atteggiamenti decisamente sbagliati, o tende ad isolarsi continuamente e la famiglia scambia per tranquillità e paciosità di carattere quei tratti vicini all'autismo che il proprio figlio manifesta. Oppure, in altri casi, addirittura si offre agli altri in modo eccessivamente generoso.

Mentre l'individuazione degli alunni dei primi due gruppi (disabilità e DSA) compete ai servizi di

NPI, il compito di individuare i bisogni educativi degli alunni della terza "sotto-categoria" è affidato ai consigli di classe.

La C.M. 8/2013 chiarisce le modalità con le quali si presenta tale eventualità: "*ove non sia presente certificazione clinica o diagnosi, il consiglio di classe o il team dei docenti motiveranno opportunamente, verbalizzando, le decisioni assunte sulla base di considerazioni pedagogiche e didattiche*". In altre parole, per questi alunni, e in particolare per coloro che sperimentano difficoltà derivanti dalla non conoscenza della lingua italiana - per esempio alunni di origine straniera di recente immigrazione e, in specie, coloro che sono entrati nel nostro sistema scolastico nell'ultimo anno - è parimenti possibile attivare percorsi individualizzati e personalizzati, oltre che adottare strumenti compensativi e misure dispensative (ad esempio la dispensa dalla lettura ad alta voce e le attività ove la lettura è valutata, la scrittura veloce sotto dettatura, ecc.).

In tal caso si avrà cura di monitorare l'efficacia degli interventi affinché siano messi in atto per il tempo strettamente necessario. Pertanto, a differenza delle situazioni di disturbo documentate da diagnosi, le misure dispensative, nei casi di alunni con BES, avranno carattere transitorio e attinente aspetti didattici, privilegiando dunque le strategie educative e didattiche attraverso percorsi personalizzati, più che strumenti compensativi e misure dispensative.

In ogni caso, non si potrà accedere alla dispensa dalle prove scritte di lingua straniera se non in presenza di uno specifico disturbo clinicamente diagnosticato, secondo quanto previsto dall'art. 6 del DM n. 5669 del 12 luglio 2011 e dalle allegate Linee guida.

Gruppi di lavoro per l'inclusione

Secondo quanto previsto dall'art. 15 comma 2 della L. 104/92, i compiti del Gruppo di lavoro e di studio d'Istituto (**GLHI**) *si estendono alle problematiche relative a tutti i BES.* Il **GLHI**, che continua a funzionare anche nella sua configurazione iniziale prevista dalla Legge 104/1992, viene integrato da tutte le risorse specifiche e di coordinamento presenti nella scuola assumendo la denominazione di **GLI** (**Gruppi di**

Lavoro per l'Inclusione) e i suoi componenti potranno essere reclutati tra gli insegnanti di sostegno, i docenti delle discipline con esperienza, i genitori e gli esperti istituzionali o esterni in regime di convenzionamento con la scuola. Il gruppo di lavoro per l'inclusione, dovrà elaborare una proposta di Piano annuale per l'inclusività. La circolare del 7 marzo recita": *A tale scopo il gruppo procederà ad un'analisi delle criticità e dei punti di forza degli interventi di inclusione scolastica operati nell'anno appena trascorso e formulerà un'ipotesi globale di utilizzo funzionale delle risorse specifiche, istituzionali e non, per incrementare il livello di inclusività generale della scuola nell'anno successivo*". Il Piano, che, su proposta del gruppo per l'inclusività sarà discusso e votato dal collegio dei docenti, verrà inviato agli Uffici scolastici regionali, ai Glip e al Glir (gruppo di lavoro interistituzionali regionali per l'integrazione scolastica), per la richiesta di organico di sostegno, nonché alle altre istituzioni territoriali "*come proposta di assegnazione delle risorse di competenza*".

I compiti del GLI sono:

- La rilevazione dei BES presenti nella scuola;
- La raccolta e la documentazione degli interventi educativi-didattici attivati nella scuola o in sinergia con altre scuole o enti;
- L'analisi e il confronto sui vari casi di BES, fornendo consulenza e supporto ai colleghi sulle strategie/metodologie di gestione delle classi;
- La raccolta e il coordinamento di tutte le proposte formulate dagli GLH operativi;
- L'elaborazione di una proposta di **Piano Annuale per l'Inclusività (abbrev.PAI)** riferito a tutti gli alunni con BBS, da redigere al termine di ogni anno scolastico (entro il mesa di giugno).

Il Gruppo procederà ad un'analisi delle criticità e dei punti di forza degli interventi di inclusione scolastica operati nell'anno appena trascorso e formulerà un'ipotesi globale di utilizzo funzionale delle risorse specifiche, istituzionali e non, per incrementare il livello di inclusività generale della scuola nell'anno successivo. Il Piano sarà quindi discusso e deliberato in Collegio dei Docenti e inviato ai competenti Uffici degli UUSSRR, nonché ai GLIP e al GLIR, per la richiesta di organico di sostegno, e alle altre istituzioni territoriali come proposta di assegnazione delle risorse di competenza, considerando anche gli Accordi di Programma in vigore o altre specifiche intese sull'integrazione scolastica sottoscritte con gli Enti Locali. A seguito di ciò, gli Uffici Scolastici regionali assegnano alle singole scuole globalmente le risorse di sostegno secondo quanto stabilito dall' art 19 comma 11 della Legge n. 111/2011. Nel mese di settembre, in relazione alle risorse effettivamente assegnate alla scuola – ovvero, secondo la previsione dell'art. 50 della L.35/2012, alle reti di scuole -, il Gruppo provvederà ad un adattamento del Piano, sulla base del quale il Dirigente scolastico procederà all'assegnazione definitiva delle risorse, sempre in termini "funzionali". A tal punto i singoli GLHO completeranno la redazione del PEI per gli alunni con disabilità di ciascuna classe, tenendo conto di quanto indicato nelle *Linee guida* del 4 agosto 2009. Infine, il GLI costituisce l'interfaccia della scuola con le realtà esterne per l'implementazione di azioni coordinate tra vari altri organismi di supporto. All'inizio di ogni anno scolastico il Gruppo propone al Collegio dei Docenti una programmazione degli obiettivi da perseguire e delle attività da porre in essere, che confluisce nel Piano annuale per l' Inclusività; al termine dell'anno scolastico, il Collegio procede alla verifica dei risultati raggiunti. Riassumendo, nella scuola che lavora per l'inclusività è necessario operare con un quadro chiaro delle esigenze da affrontare, dal punto di vista quantitativo e qualitativo. Il processo d'inclusione nella scuola, inoltre, può avvenire realmente solo quando è condiviso da tutto il personale coinvolto. In presenza di studenti con BES, dunque, è necessario, in primo luogo, avere conoscenza preventiva delle varie tipologie di BES e delle risorse e delle strategie necessarie per operare. Occorre, poi, formalizzare compiti e procedure, in modo che tutti cooperino al raggiungimento di esito positivo. Il riconoscimento formale (con verbalizzazione assolutamente motivata) da parte del gruppo docente/consiglio di classe è il primo momento della "storia inclusiva" dell'alunno con BES, diverso dalla disabilità o da un DSA o assimilabile (in quanto per questi ultimi la formalizzazione consegue a disposizione di legge: 104/1992 e 170/2010 come integrata ai punti 1.2 e 1.3 della Direttiva Ministeriale del 27/12/2012).

Il Piano Didattico Personalizzato

I termini **INDIVIDUALIZZATA E PERSONALIZZATA** non sono sinonimi.

La **DIDATTICA INDIVIDUALIZZATA** è l'intervento calibrato sul singolo anziché sull'intera classe. Pone obiettivi comuni a tutta la classe, ma adatta le metodologie in funzione delle caratteristiche individuali degli alunni per permettere a tutti il conseguimento degli obiettivi formativi. Essa presuppone l'attenzione ai diversi stili cognitivi degli alunni. Consiste in una pluralità di metodologie, strategie didattiche per promuovere le potenzialità e il successo formativo di ciascun alunno. Es: uso di mediatori (schemi, mappe concettuali, LIM); attenzione agli stili di apprendimento, calibrare gli interventi sulla base del livello raggiunto, etc.

La **DIDATTICA PERSONALIZZATA** ha l'obiettivo di dare a tutti l'opportunità di sviluppare al meglio le proprie potenzialità, e quindi può porsi obiettivi diversificati per ciascun alunno. Sulla base della L. 53/2003 e D.L.59/2004 calibra l'offerta didattica a livello personale sulla base dei bisogni educativi specifici degli alunni della classe, considerando le differenze individuali come risorse, con l'obiettivo di accrescere i punti di forza di tutti.

Consiste nelle *attività di recupero individuale* rivolte ad uno o più alunni per potenziare determinate abilità e acquisire specifiche competenze. Possono essere realizzate nei momenti di lavoro individuale in classe o in momenti appositamente dedicati, secondo le forme di flessibilità del lavoro scolastico. La Circolare 8/2013 sottolinea che il Consiglio di Classe e il team docenti, una volta individuati i bisogni devono formalizzare percorsi personalizzati e individualizzati per gli alunni, utilizzando il Piano Didattico Personalizzato (PDP). Il PDP, introdotto dalla Legge 170/2010 e dal D.M. 5669/2011 per gli alunni DSA, con l'attuale Normativa può essere predisposto anche per gli alunni BES, che non presentano certificazioni o diagnosi. Il PDP è uno strumento di lavoro flessibile che gli insegnanti usano in itinere e può essere modificato ogni qualvolta sia segnalato un cambiamento nei bisogni o nelle difficoltà degli alunni.

La Direttiva individua anche la possibilità di una progettazione più centrata sulla classe, con l'individuazione di uno specifico piano per tutti gli alunni della classe con BES, focalizzando l'attenzione sulle strategie inclusive.

Il Piano Didattico Personalizzato (PDP), previsto dall'art. 5 del D.M. del 12 Luglio 2011, contiene le metodologie didattiche, gli interventi formativi, le misure e gli strumenti, che la scuola ha intenzione di adottare per garantire il successo formativo dell'alunno con DSA. Le linee Guide al decreto esplicitano in modo più chiaro la struttura del Piano didattico Personalizzato che deve riportare: I dati anagrafici dell'alunno, cui si possono aggiungere informazioni sul suo percorso di istruzione, come la classe frequentata, i docenti, gli interventi pregressi e/o contemporanei al percorso scolastico, i dati sintetici sulla sua scolarizzazione pregressa e una descrizione dei rapporti scuola-famiglia; La tipologia del disturbo, cui si aggiunge una descrizione delle abilità di lettura, scrittura e calcolo dell'alunno, facendo riferimento a dati che si deducono dalla diagnosi del medico-specialista e a interferenze prodotte dalle osservazioni fatte in classe, quando sono presenti elementi di comorbilità, ci si può rifare a osservazioni e deduzione fatte sugli altri disturbi. Inoltre per ciascuna disciplina coinvolte nel disturbo, il Piano deve esplicitare: Le attività didattiche individualizzate, che mirano a far sì che gli obiettivi di apprendimento comuni alla classe siano raggiunti da tutti gli alunni; Le attività didattiche personalizzate, volte a diversificare i percorsi di apprendimento degli alunni in vista del raggiungimento di obiettivi personali e dello sviluppo di propri talenti; Gli strumenti compensativi utilizzati, ossia strumenti atti a compensare gli svantaggi che l'alunno con DSA presenta nei confronti degli altri alunni; Le misure dispensative adottate, tese a esonerare lo studente da attività e prestazioni che sebbene svolte dagli altri alunni, per l'alunno con DSA non hanno un valore educativo fondamentale, ma tenderebbero a stancarlo inutilmente; Forme di verifica e valutazione personalizzate, che devono essere documentate in questa sezione di cui si terra conto anche in sede di esame conclusive del ciclo. Il Piano deve essere elaborato entro il termine del primo trimestre dell'anno scolastico. Come esplicitamente sottolineato nella C.M. 8/ 2013 (relativa ad alunni con Bisogni Educativi Speciali), il PDP va espressamente deliberato in sede di consiglio di classe e viene firmato o dal dirigente scolastico (oppure da un docente da questi specificamente delegato), dai docenti e dalla famiglia. Il PDP viene periodicamente rivisto, quando vi sono evidenze che ne rendono necessario l'aggiornamento. È importante sottolineare che il PDP degli alunni afferenti all'area dello svantaggio socioeconomico, linguistico e culturale presenta alcune limitazioni per il fatto che esso non nasce da una situazione clinica solitamente irreversibile. La C.M. 8/2013 indica le seguenti limitazioni:

1. Nei percorsi personalizzati (anche formalizzati in un PDP) occorre privilegiare le strategie educative e didattiche che gli strumenti compensativi e le misure dispensative;
2. Le misure dispensative hanno carattere transitorio e devono limitarsi alla sola attività didattica: ad esempio, è possibile dispensare un alunno straniero dalla lettura ad alta voce, dalle attività nelle quali è valutata la lettura, dalla scrittura veloce sotto dettatura, etc.;
3. Non si possono usare misure dispensative particolari, come l'esonero dalle prove scritte di lingua straniera e ovviamente dall'insegnamento della lingua straniera.

A differenza delle situazioni di disturbo documentate da diagnosi, le misure compensative, nei casi sopra richiamati, avranno **carattere**

transitorio e attinente aspetti didattici, privilegiando dunque le strategie educative e didattiche attraverso percorsi personalizzati, più che strumenti compensativi e misure dispensative. Si avrà cura di monitorare l'efficacia degli interventi affinché siano messi in atto per il tempo strettamente necessario.
Nel caso in cui la famiglia non partecipi alla stesura del PDP e non intenda firmarlo, la scuola deve acquisire agli atti la firma per presa visione e deve redigere un verbale di presentazione.
Ogni istituzione scolastica può individuare il modello di PDP che ritiene più funzionale e snello.
La stesura del PDP deve sempre collocarsi all'interno di un preciso Piano Annuale per l'Inclusività (PAI).

Strategie e modalità di intervento

La scuola italiana si è mossa in direzione dell'accoglienza e delle pari opportunità di studio, anche in anticipo rispetto ad altre nazioni europee di grande tradizione educativa, con una normativa (Legge 517/77, Legge 104/92 e norme susseguenti o collegate) indirizzata all'"handicap", poi "disabilità" ed ora "diversa abilità". Successivamente sono state affiancate altre categorie di bisogno, definito "svantaggio". Nella scuola che lavora per l'inclusività è necessario operare con un quadro chiaro delle esigenze da affrontare, dal punto di vista quantitativo e qualitativo. Il processo d'inclusione nella scuola, inoltre, può avvenire realmente solo quando è condiviso da tutto il personale coinvolto. La Circolare Ministeriale n.8 del 6 marzo 2013 afferma che l'uso di determinate strategie di gestione dei gruppi, la produzione di materiali adeguati e la migliore utilizzazione degli strumenti in dotazione alla scuola possano senza dubbio consentire agli insegnanti di coinvolgere nei percorsi formativi programmati ciascun alunno, anche quelli in situazione di BES. Gli insegnanti, pertanto, sono chiamati a padroneggiare nuove metodologie didattiche e a svolgere attività significative, che coinvolgano nel lavoro di preparazione o di adeguamento dei materiali tutti gli alunni della classe. Importante è cambiare il modo di insegnare e di valutare, affinché ogni studente in relazione alla sua condizione e alla sua manifesta difficoltà, trovi la giusta risposta. Quest'azione si concretizza innalzando l'attenzione e attuando strategie che aiutino ogni singolo alunno a raggiungere obiettivi ritenuti indispensabili per tutti (livelli minimi attesi per le competenze in uscita), attraverso la definizione di tempi e modi in sintonia con le sue capacità e problematicità, a raggiungere i massimi risultati possibili nelle diverse aree, ed infine ad esprimere al meglio le proprie potenzialità nell'ottica della costruzione di un proprio progetto di vita. Le metodologie didattiche che stimolano l'approccio collaborativo tra gli alunni come: l'apprendimento cooperativo, il peer tutoring e il peer collaboration, aiutano gli insegnanti a creare nella classe un ambiente veramente inclusivo, nel quale tutti gli alunni sono messi in condizione di apprendere in base alle proprie capacità; queste metodologie rappresentano modelli educativi collaborativi volti ad attivare un processo spontaneo di passaggio di conoscenze, emozioni ed esperienze da alcuni membri di un gruppo ad altri membri dello stesso gruppo. Per non disattendere mai gli obiettivi dell'apprendimento e della condivisione e dell'inclusione, è indispensabile che la programmazione delle attività sia realizzata da tutti i docenti curricolari, i quali, insieme all'insegnante per le attività di sostegno definiscono gli obiettivi di apprendimento. La progettualità didattica orientata all'inclusione comporta l'adozione di strategie e metodologie favorenti, quali l'apprendimento cooperativo, il lavoro di gruppo e/o a coppie, il tutoring, l'utilizzo di mediatori didattici, di attrezzature e ausili informatici, di software e sussidi specifici. A questo riguardo risulta utile una diffusa conoscenza delle nuove tecnologie per l'integrazione scolastica, quali la LIM.

Nel corso degli ultimi anni le tecnologie didattiche, e in particolare le Lavagne Interattive Multimediali (lim), hanno conosciuto una forte diffusione nelle scuole italiane. Le scuole si sono dotate in autonomia di accessi a internet, lavagne interattive, reti locali, computer, software didattici ecc.. Nel caso degli alunni in difficoltà e con bisogni educativi speciali, la tecnologia è un dispositivo per mediare e assistere l'apprendimento.

La lim può essere un'importante risorsa di

mediazione dell'apprendimento. Attorno ad essa, tuttavia, tendono a concretizzarsi problemi di diversa natura, come ad esempio una riduzione delle interazioni collaborative tra studenti, un incremento della centralità della figura del docente, ritmi di lezioni più spediti a spese, probabilmente, della qualità dell'interazione cognitiva tra docenti e alunni. Una valutazione, veramente, inclusiva deve essere progettata, cioè correlata, criterialmente, a una programmazione didattico-educativa orientata allo sviluppo delle competenze; deve cssere personalizzata, in modo che si possa riconoscere a ciascuno il "differenziale" di apprendimento conseguito anche in presenza di competenze disciplinari diversificate; deve essere orientata, cioè finalizzata a orientare le scelte personali, fornendo strumenti di autoconsapevolezza e documentazione educativa; deve essere multifattoriale, cioè che utilizzi modalità valutative diversificate per riconoscere a tutti, in momenti e a livelli diversi, ciò che è di tutti e a ciascuno ciò che è di ciascuno. La strutturazione delle verifiche dovrà consentire allo studente il grado di prestazione migliore possibile.

È opportuno che ciascun Docente, per la propria disciplina, definisca le modalità più facilitanti con le quali le prove, anche scritte, vengano formulate.
Al momento della valutazione degli studenti con svantaggio sociale e culturale è necessario tenere conto, da un lato dei risultati raggiunti dal singolo studente in relazione al suo punto di partenza, dall'altro è fondamentale verificare quanto gli obiettivi sono riconducibili ai livelli essenziali degli apprendimenti previsti dal grado di scuola frequentato.
A tal fine è importante :

- concordare con lo studente le attività svolte in modo differenziato rispetto alla classe;
- le modalità di raccordo con le discipline in termini di contenuti e competenze;
- individuare modalità di verifica che prevedano anche prove assimilabili al percorso comune;
- stabilire livelli essenziali di competenza che consentano di valutare la contiguità con il percorso comune e il possibile passaggio alla classe successiva.

Negli ultimi anni il termine "inclusione" ha cominciato gradualmente a sostituire quello di "integrazione", talvolta i due termini sono usati in maniera intercambiabile.Se storicamente il modello dell'integrazione precede quello dell'inclusione, sul piano culturale dovrebbe essere collocato a valle: se l'inclusione rappresenta una disponibilità incondizionata in presenza della quale è possibile pensare che ogni persona ha diritto alla propria l'integrazione dei disabili sia effettiva.

La scuola "inclusiva" deve essere quella scuola che non si limita a promuovere la partecipazione, l'inclusione e l'apprendimento di tutti gli allievi, a prescindere dagli specifici bisogni educativi di ciascuno, ma deve essere anche quella che soprattutto, coglie la presenza di BES come un'occasione di ripensamento di pratiche educative e didattiche.

Le azioni del docente inclusivo dovrebbero essere le seguenti:

• instaurare un clima inclusivo: valutare, accettare e rispettare la diversità.

La diversità tra gli alunni è una risorsa e una ricchezza, che va valorizzata e apprezzata

• cercare di adattare stili d'insegnamento, materiali, tempi, tecnologie

• promuovere un approccio cooperativo tra gli alunni

• sostenere e sollecitare le potenzialità di tutti gli alunni facendo prevalere un'ottica positiva nell'accostarsi alle differenze, piuttosto che una logica comparativa

• costruire e mantenere un clima relazionale positivo come elemento imprescindibile per consentire ad ognuno di sviluppare al meglio le proprie possibilità, aiutandolo a divenire il 'miglior se stesso possibile' in quel momento;

• attivare una didattica metacognitiva

• predisporre attività trasversali alle altre discipline

• variare strategie in itinere

• favorire l'attivazione di reti relazionali con colleghi, famiglie, territorio, esperti.
La collaborazione e il lavoro di gruppo dovrebbero essere approcci essenziali per
tutti i docenti e momenti di confronto e valutazione della propria azione educativa.
• aggiornamento professionale continuo; l'insegnamento è una "attività di apprendimento" e i docenti hanno la responsabilità del proprio apprendimento per
tutto l'arco della vita.
L'insegnante inclusivo deve essere capace di superare la tradizionale didattica trasmissiva (lezione frontale, libro di testo da studiare, interrogazioni individuali ecc.) e orientarsi verso una pluralità di approcci diversificati, che tengano conto di molteplici variabili quali: i tempi della lezione e della relazione, gli spazi, le modalità d'indagine sui contenuti della conoscenza (apprendimento significativo per scoperta ed elaborazione), il rispetto dei diversi stili di apprendimento, l'utilizzo di diversi stili d'insegnamento, le diverse tipologie di relazione e

gli atteggiamenti dei docenti, i modi di aggregazione degli alunni, i mezzi, gli strumenti e i mediatori didattici utilizzati.
Le metodologie didattiche che stimolano l'approccio collaborativo tra gli alunni come: l'apprendimento cooperativo, il peer tutoring e il peer collaboration aiutano gli insegnanti a creare nella classe, un ambiente veramente inclusivo, nel quale tutti gli alunni sono messi in condizione di apprendere in base alle proprie capacità;
queste metodologie rappresentano modelli educativi collaborativi volti ad attivare un processo spontaneo di passaggio di conoscenze, emozioni ed esperienze da alcuni membri di un gruppo ad altri membri dello stesso gruppo.
L'apprendimento cooperativo o cooperative learning permette a tutti gli alunni di crescere e di potenziare le proprie abilità nei confronti dei materiali di studio.
In un ambiente di apprendimento cooperativo ciascun alunno è chiamato a mettere a disposizione le proprie risorse e a fornire e a ricevere aiuti; ciascun componente del gruppo, con le sue caratteristiche peculiari e

speciali, può contribuire all'apprendimento di tutti e ognuno può diventare risorsa e strumento compensativo per gli altri e questo permette di creare un apprendimento paritario e realmente inclusivo.

Il peer tutoring prevede un lavoro a coppie o a piccoli gruppi, in cui un allievo tutor (esperto) fa da insegnante a uno o più compagni; il bambino tutor guida , sostiene e aiuta l'altro nel processo di apprendimento, è comunque essenziale che il primo sia a sua volta guidato e supervisionato dall'insegnante.

Nella peer collaboration gli allievi sono alla pari e hanno uguali conoscenze e
competenze, quindi il gruppo affronta e risolve il problema aiutandosi e collaborando, è utile per facilitare la scoperta intellettuale e l'acquisizione di conoscenze di base. Importante è anche l'uso delle tecnologie multimediali (computer, notebook per utilizzare software specifici, LIM). La didattica metacognitiva facilita la conoscenza e l'uso di strategie , migliora la prestazione nella risoluzione di problemi e nella pianificazione delle attività, sviluppa il senso di autoefficacia,

autostima e motivazione, rafforza la conoscenza delle proprie capacità cognitive quali l'attenzione e la memoria. Gli insegnanti, con l'uso appropriato di diversi programmi, possono approntare e promuovere monitorandolo, il percorso di apprendimento degli alunni, che deve facilitare il più possibile la comprensione. I percorsi di apprendimento gestiti dal computer propongono anche quelle attività che l'alunno è in grado di effettuare attraverso l'osservazione diretta, l'esplorazione ambientale, l'azione, la manipolazione di materiale concreto. In particolare la scuola primaria è il luogo elettivo per la multimedialità, c'è un'attenzione al suono, alle immagini, alla condivisione delle immagini, ma sopratutto una curiosità molto sviluppata. L'insegnante, con strategie adeguate, deve coinvolgere gli alunni nel lavoro di gruppo, spronare all'aiuto reciproco favorendo l'iniziativa e la responsabilità personale, in un clima di serenità nella vita quotidiana della classe.

Bibliografia

D. Ianes, La speciale normalità, Erickson, Trento 2006

D. Ianes, Bisogni Educativi Speciali e inclusione, Erickson, Trento 2005

M. Gentile, F. Pisanu, Lavagne interattive multimediali, esperienza digitale percepita e conduzione della classe, pat, Trento 2012

Direttiva ministeriale del 27 dicembre 2012

De Beni Rossana, Pazzaglia Francesca, Molin Adriana, Zamperlin Caludia. Psicologia cognitiva dell'apprendimento (2003), ed. Erickson

R. Ciambrone, G. Fusacchia - I BES. Come e cosa fare - ed. Giunti Scuola, 2014

D. Ianes, S. Cramerotti – Alunni con BES. Bisogni educativi speciali – ed. Erickson, 2013

R. Ciambrone, G. Fusacchia - I BES. Come e cosa fare - ed. Giunti Scuola, 2014.

D. Ianes, S. Cramerotti – Alunni con BES. Bisogni educativi speciali – ed. Erickson, 2013

R. Caldin – Dispense per il Master di 1°livello "Didattica e Psicopedagogia per i Disturbi Specifici di Apprendimento" –Università di Firenze – Facoltà di Scienze della Formazione, 2011

I. Nicolini – Dispense corso di specializzazione A.E.D – "La Disgrafia: Educazione e Rieducazione del gesto grafico", Firenze 2014/15

Printed by Amazon Italia Logistica S.r.l.
Torrazza Piemonte (TO), Italy

74794665R00020